DICTIONNAIRE

DES

IMMOBILES.

IMPRIMERIE DE POULET,
QUAI DES AUGUSTINS, N°. 9.

DICTIONNAIRE

DES

IMMOBILES,

PAR UN HOMME QUI JUSQU'A PRÉSENT N'A RIEN
JURÉ ET N'OSE JURER DE RIEN.

Libertas, quæ sera tamen.....
Virg.

A PARIS,

RUE DU ROI DE SICILE, CI-DEVANT DES DROITS
DE L'HOMME, N°. 89:

Et chez
- Poulet, quai des Augustins, n°. 9;
- Delaunay, Pélicier, au Palais-Royal;
- Eymery, rue Mazarine, n°. 30;
- Blanchard, passage de Montesquieu;
- Colas, rue du Petit-Lion-Saint-Sulpice, vis-à-vis la rue Garencière.

1815.

A MESSIEURS
LES ÉTEIGNOIRS,
DE
TOUS LES PARTIS.

Illustrissimes chevaliers,

Un grand poëte dédiant une de ses tragédies au plus grand homme des temps modernes, disait que le nom du libérateur de l'Amérique pouvait seul paraître à la tête de la tragédie du libérateur de Rome.

C'est à vous aussi qu'appartient de droit la dédicace du Dictionnaire des Immobiles, à vous leur modèle éternel et leur désespoir.

Obstinés dans vos projets, vous n'êtes pas de ces gens qui occidunt corpus, animam autem non *volunt* occidere (1). *Il vous faut l'un et l'autre.*

On a beaucoup vanté la stabilité de l'empire

---

(1) Matth., X, 28.

de la Chine. Quel mérite ont-ils à rester stationnaires, ces Chinois que couvre une muraille immense? nos lumières ne vont pas jusqu'à eux.

Ah! je n'en doute pas; à cette vieille exclamation : la Chine! la Chine! bientôt succédera celle-ci : ÉTEIGNOIR! ÉTEIGNOIR!

Au milieu d'un océan de lumières, dans le siècle qui suit le dix-huitième siècle, vous êtes encore au treizième. Vous y serez encore dans deux cents ans. Vous voudriez bien nous y reporter; mais, Goddam! l'esprit humain ne rétrograde jamais.

J'ai l'honneur d'être,

ILLUSTRISSIMES CHEVALIERS,

l'un de vos antagonistes,

GALLUS LIBERALIS.

PRÉFACE.

On a fait le *Dictionnaire des Athées* (1), le *Dictionnaire des Girouettes* (2), etc. Dans un temps où tant de gens vivent d'injures, de mensonges, de calomnies, j'ai imaginé de composer une brochure où je ne dis du mal de personne. Je ne me dissimule pas

---

(1) L'idée en est peut-être due au traité de M. Fischbeck, intitulé : *De eruditis sine pietate*, Langensalza, in-4°. (sans date, mais du commencement du dix-huitième siècle), ou aux *Athei detecti* (les Athées démasqués), du P. Hardouin. Le R. P. y traite d'athées C. Jansenius, Ambroise Victor (c'est-à-dire, André Martin), L. Thomassin, Fr. Mallebranche, P. Quesnel, Ant. Arnauld, P. Nicole, B. Pascal, René Descartes, Ant. Legrand et Silvain Regis.

(2) Qui a rappelé l'*Oraison funèbre de Buonaparte, par une société de gens de lettres, prononcée au Luxembourg, au Palais-Bourbon, au Palais-Royal, aux Tuileries et ailleurs*, CINQUIÈME ÉDITION, *revue, corrigée, diminuée, augmentée, avec préface, variantes et index*, 1814, in-8°. qu'on trouve aux mêmes adresses que le *Dictionnaire des Immobiles*.

l'imperfection de mon travail ; j'espère qu'on voudra bien m'indiquer les omissions que je puis avoir faites : j'aurai beaucoup de plaisir à en réparer quelques-unes dans une nouvelle édition. En attendant, il ne tiendra qu'à chacun de mes lecteurs, selon qu'il sera citoyen ou soldat, de prendre sa part dans les éloges que je donne à la nation et à l'armée.

DICTIONNAIRE

DES

IMMOBILES.

ANQUETIL DUPERRON (ABRAHAM HYACINTHE), né à Paris le 7 décembre 1731, nommé membre de l'Institut le 28 janvier 1803; il refusa, lors de l'élévation de Buonaparte à l'empire, de lui prêter serment. « Je sais bien, » disait-il, que je serai privé de ma place de » membre de l'Institut, et des émolumens qui » y sont attachés; mais je n'ai besoin que de » cinq sous par jour. J'ai tout au plus deux » ans à vivre, et j'ai de quoi vivre jusque-là ». M. Anquetil donna, en juin 1804, sa démission de membre de l'Institut, et mourut le 28 nivose an XIII (18 janvier 1805).

ARMÉE FRANÇAISE.

Salut aux défenseurs de la patrie! Honneur aux braves qui ont vaincu pour elle! honneur à ceux qui ont succombé pour elle!

En 1793 et 1794, à l'époque où la France gémissait sous la plus affreuse tyrannie, l'armée, étrangère aux factions qui nous déchiraient, et ne voyant que la patrie, volait de victoire en victoire ; sa gloire et ses triomphes cachaient aux yeux de l'Europe les crimes qui se commettaient à l'intérieur.

Depuis l'invention de la conscription, et surtout depuis l'abus qu'on a fait de ce mode de recrutement, combien n'avons nous pas vu de jeunes gens quitter à regret leurs pénates, et partir en exhalant des paroles atroces contre le tyran, quelques-uns même avec des menaces de projets peu généreux! Mais, arrivés sur la frontière, ils immolaient leurs passions, et leurs affections à la patrie, et combattaient en héros pour elle.

Je ne parlerai pas des exploits de l'armée, exploits que des Français seuls (1) pouvaient faire. L'histoire rendra justice à nos guerriers, et ils n'ont rien à en craindre : mais aujourd'hui même,

---

(1) On parlait un jour, devant La Harpe, de la campagne de Marengo. Il en écoutait avec attention les détails, suivait la marche de l'armée, les obstacles qu'elle avait vaincus, ceux qu'elle avait à vaincre : admirait le génie des chefs, le courage, l'intelligence, la patience du soldat, l'artillerie transportée dans les précipices, la mort sous cent formes différentes partout affrontée : « Ah! s'écria-t-il fièrement à la fin du récit, il fallait des » Français pour faire cela. »

dans les désastres de la patrie, cette armée au moins a préservé des malheurs de la guerre les départemens d'au-delà de la Loire, et n'ayant pas eu la permission de mourir pour la France, c'est du moins une consolation pour elle d'en conserver vierge une partie.

ARNAULT (ANTOINE-VINCENT), membre de l'institut, avait été l'ami de Buonaparte, officier français, et ne fléchit point devant l'empereur ; il conserva toujours son franc parler avec lui. Une tragédie de M. Arnault n'ayant pas réussi, Buonaparte, qui blâmait quelques maximes de cette pièce, fut charmé de la chûte, et dit à l'auteur : *Voilà ce que c'est que de faire des tragédies après Corneille et Racine.—Sire*, répond l'auteur tragique, *V. M. donne bien des batailles après Turenne.* Réponse que n'eût pas faite un pair du sénat (1).

---

(1) Un digne membre de cette vile autorité entra un jour chez Buonaparte au moment où l'on parlait du mérite de l'acteur Talma, que S. M. mettait beaucoup au-dessus de Lekain. Les courtisans ne pouvaient prononcer sur la question. —Monsieur le Comte, dit Buonaparte, vous qui avez vu Lekain, n'est-ce pas que Talma lui est bien supérieur? — Sire, répond en s'inclinant l'homme au .00,000 francs de rente, votre majesté peut me faire oublier Alexandre et César; mais jamais Talma ne me fera oublier Lekain.

CHAMBRE DES REPRÉSENTANS DE 1815.

Je ne prétends pas en faire l'apologie; je laisse ce soin à quelque jeune avocat *vir probus dicendi peritus* (1). Ses discussions ont été tumultueuses, scandaleuses même quelquefois; mais aucun de ses actes ne porte l'empreinte de la servitude. C'est à la chambre des représentans que l'on doit l'abdication de Buonaparte. C'est sa contenance ferme, c'est la disposition qu'elle annonçait de prononcer sa déchéance, qui a forcé Buonaparte à renoncer à tout. La bataille de Waterloo avait décidé qu'il perdrait la couronne; mais elle ne la lui avait pas ôtée; il pouvait la porter encore quelques jours. Eh! quels jours aurions-nous vus, grands dieux! Buonaparte fuyant à Waterloo croyait l'armée anéantie. Il s'en rassemble une, comme par miracle, sous les murs de Paris; avec elle, Buonaparte, qui n'avait rien à perdre, eût tout risqué sous les murs de la capitale..... Mais la capitale et l'armée ont été sauvées, parce que la chambre des représentans avoit arraché à Buonaparte son abdication. On n'a pas, ce nous semble, assez remarqué cette circonstance. Buonaparte allait cesser d'êtree mpereur, mais il était

---

(1) Voyez la brochure intitulée : *Des Pouvoirs de la Chambre des Représentans et de l'usage qu'elle en a fait*, par M. Duchesne, de Grenoble, membre de la Chambre. Paris, chez Laurent-Beaupré et chez Delaunay, in-8°.

encore général : c'était le général qu'il fallait neutraliser, paraliser, anéantir pour consommer l'œuvre ; et c'est ce qu'a fait la chambre des représentans ; c'est ce qui n'aurait pas été fait si elle n'eût pas existé. Ce service est trop important pour être méconnu et oublié.

Quant à la fameuse déclaration, c'est bien à tort que l'on a déclamé contre elle d'un côté, et qu'on l'a tant exaltée de l'autre. Il vient de paraître une brochure intitulée : *Sur la déclaration de la chambre des représentans, par M. Loyson*, 8° de 15 pages, dont le *Journal général* du 22 août parle en ces termes : « Dans un parallèle de » cette déclaration et de la charte donnée par le » roi, l'auteur prouve, article par article, que » nos prétendus représentans n'ont rien demandé » pour nous, que nous n'eussions déjà, avec cette » différence que nous l'avions avant et sans eux, » tandis qu'ils voulaient que nous l'eussions avec » eux et par eux ». Il est bien étonnant, d'après cette observation, que cette pièce n'ait pas été admise dans une *Histoire des deux chambres* qui vient d'être publiée, et c'est ce qui nous engage à reproduire ici ce monument historique.

Déclaration de la Chambre des Représentans.

Art. 1er. Tous les pouvoirs émanent du peuple ; la souveraineté du peuple se compose de la réunion des droits de tous les citoyens.

2. La division des pouvoirs est le principe le plus nécessaire à l'établissement de la liberté et à sa conservation.

3. La puissance législative, en France, se compose de trois pouvoirs, toujours distincts dans leurs élémens et dans leur action; une chambre de représentans, une chambre haute et un monarque.

4. Dans la confection des lois, la proposition, la sanction et l'opposition appartiennent également aux trois branches de la puissance législative. La loi n'existe que par leur accord. Aux représentans, exclusivement, appartient l'initiative en trois matières : les contributions publiques, les levées d'hommes et l'élection d'une nouvelle dynastie à l'extinction de la dynastie régnante.

5. L'action du pouvoir exécutif ne s'exerce que par des ministres, tous reponsables solidairement pour les déterminations prises en commun, chacun en particulier pour les actes particuliers de son département.

6. Le monarque est inviolable, sa personne est sacrée. En cas de violation des lois et d'attentats contre la liberté et la sûreté individuelle et publique, les ministres seront mis en accusation par la chambre des représentans; ils seront jugés par la chambre haute.

7. La liberté de chaque individu consiste à pouvoir faire ce qui ne nuit pas à autrui. Aucune atteinte ne peut y être portée qu'au nom des lois

par leurs organes, et sous des formes assez précises pour ne pouvoir être éludées ou négligées.

8. La liberté de la presse est inviolable. Aucun écrit ne peut être soumis à une censure préalable. Les lois déterminent quels sont les abus de la presse assez graves pour être qualifiés crimes ou délits. Ils sont réprimés suivant les différens degrés de gravité par des peines dont la sévérité sera aussi graduée et par jugement de jurés.

9. Chacun a la liberté de professer ses opinions religieuses et d'exercer son culte.

10. L'indépendance des tribunaux est garantie; les juges des cours de justice et des tribunaux civils sont inamovibles et à vie. En matière criminelle, les débats sont publics, le fait est jugé par des jurés, et la loi appliquée par des juges.

11. Une instruction primaire, indispensable pour la connaissnce des droits et des devoirs de l'homme en société, est mise gratuitement à portée de toutes les classes du peuple : les élémens des sciences, des belles-lettres et des beaux-arts, sont enseignés dans les hautes écoles.

12. La constitution garantit l'égalité des droits civils et politiques, l'abolition de la noblesse, des priviléges, des qualifications féodales, des dîmes, des droits féodaux et de la confiscation des biens. Elle garantit le droit de pétition, les secours publics, l'inviolabilité des propriétés et de la dette publique, l'irrévocabilité de l'aliéna-

tion des domaines nationaux de toute origine, et les quotités proportionelles dans la répartition des contributions : elle garantit enfin le maintien de la Légion-d'Honneur, des couleurs nationales, et des récompenses pour les services civils et militaires.

Elle ne reconnaît point les ordres monastiques et les vœux perpétuels.

13. Le prince, soit héréditaire, soit appelé par élection, ne montera sur le trône de France qu'après avoir prêté et signé le serment d'observer et faire observer la présente déclaration.

CLAVIER (ÉTIENNE), membre de l'Institut, et professeur au collège de France.

Juge au tribunal criminel lors du procès de Moreau, etc., invité et pressé de condamner à mort l'illustre proscrit, par un officier supérieur qui disait que l'empereur lui ferait grace... Eh! qui nous la fera à nous? s'écria-t-il.

Dans une autre affaire M. Clavier, mandé chez un grand personnage, s'apperçut d'insinuations perfides qu'on lui faisait, et de tentatives injurieuses. — *Monseigneur*, dit-il, *je n'ai qu'un mot à vous répondre, je suis juge, je connois mon devoir, vous voulez des instrumens, je n'en serai jamais un*, et il s'en alla.

Quelque temps après cette seconde scène on fit une nouvelle organisation des tribunaux ; M. Clavier ne fut pas conservé.

COURRIER. (LES RÉDACTEURS DU) Les journaux devaient être exclus de notre nomenclature ; mais il y aurait de l'injustice à ne pas y admettre celui que leurs adversaires ou rivaux proclament invariable.

Le 1er. mai 1815 parut le 1er. n° d'un journal intitulé *l'Idépendant*, qui exista jusques et y compris le 7 août suivant ou dernier.

Le 11 août les abonnés à *l'Indépendant* reçurent une feuille intitulée : *l'Echo du soir* ou *l'Ami du Prince*, n°. 100 — 103 (1).

Enfin le 26 du même mois, ce fut le titre de *Courrier* que prit cette feuille.

Il paraît qu'à partir du 11 août les rédacteurs de *l'Indépendant* ont été ceux de *l'Echo du soir*, et que ce sont eux qui président à la rédaction du *Courrier*.

« Nous sommes forcés de reconnaître que s'il
» (ce journal) a souvent changé de nom, il n'a
» pas changé de principes (2). »

DAUNOU (PIERRE - CLAUDE FRANÇOIS), membre de l'Institut.

Député à la Convention, y vote dans le célèbre

---

(1) Le 6 juillet, avait paru un journal sous ce titre ; le n°. 13 parut le 18 juillet; le n°. 14, le 24; le n°. 30, le 9 août; et ce fut le dernier.

(2) Journal général de France, du 28 août 1815.

procès pour la détention et le bannissement à la paix (1), signe la protestation contre le 31 mai, et est décrété d'accusation à ce sujet. Après la terreur il rentra dans l'assemblée, fut réélu au conseil des cinq-cents, et après le 18 brumaire fut nommé tribun; mais il en est *éliminé* en 1802, avec les autres opposans aux projets de Buonaparte.

DOULCET-PONTÉCOULANT, député du Calvados, vota en ces termes dans le fameux procès dont s'occupa la Convention.

« Je vote pour le bannissement à perpétuité
» de Louis et de sa famille. (Il s'élève des mur-
» mures.) Les murmures que j'entends m'affli-
» gent pour ceux qui s'en rendent coupables,
» mais ne m'arrêteront pas. Je recommence : je
» vote le bannissement de Louis et de sa famille
» à perpétuité, mais je pense qu'il doit être ré-
» clus, sous la sauve-garde nationale, jusqu'à la

---

(1) Il est bon de rappeler ici que je ne sais quel représentant, après avoir demandé que la Convention ne se saisît pas du procès de Louis, en disant qu'elle n'avait pas le droit de le faire, et, en se récusant lui-même pour juge, n'en vota pas moins dans les appels nominaux. Et, en effet, ceux qui ont voté pour le bannissement ou la détention, ont contre-balancé autant de voix pour la mort; et le résultat de l'appel eût été différent, si quelques députés, refusant de voter, n'avaient ainsi laissé perdre leur voix.

» cessation de toutes hostilités. Je demande en
» outre la ratification de ce décret par le souve-
» rain, ainsi que de celui qui abolit la royauté.
» Je signe la présente déclaration » (2).

Sur la question de la peine à infliger il se contenta de dire :

« J'ai manifesté mon opinion il y a deux jours.
» Tout ce que j'ai entendu depuis m'y fait persis-
» ter. Je prononce la détention provisoire et l'ex-
» pulsion à la paix » (1).

Le 16 mai 1793, M. Doulcet dénonça la commune de Paris, protesta le 31 mai contre toute délibération, parce que la Convention n'était pas libre, signa ensuite la protestation contre cette journée, fut le 30 octobre décrété d'accusation, mis hors la loi, obligé de fuir; rentra dans la Convention après la terreur, et le 9 floréal an 3 (28 avril 1795), dix-sept ans avant que la constitution espagnole des Cortès de 1812 (article 304) prononçât l'abolition de la confiscation des biens, parla en ces termes :

« La confiscation des biens des condamnés est injuste, même en considérant tous les condamnés comme coupables. Le sacrifice de la vie est sans

---

(1) Séance du 15 janvier, Moniteur du 18, pag. 81, colonne 1re.

(2) Séances des 16-17, Moniteur du 20, pag. 106, colonne 3e.

doute la plus grande réparation que la patrie puisse exiger d'un criminel, et cette réparation ne peut être suivie d'aucune autre.

» Il n'est pas vrai, comme on n'a pas craint de vous le dire et de l'imprimer, que tel soit le sort de la guerre, *que les dépouilles des morts doivent être enlevées par les vainqueurs ?* Les goujats d'une armée peuvent bien se permettre de dépouiller les cadavres des vaincus : mais, à coup sûr, ce n'est jamais le vainqueur; car celui-là est généreux, puisqu'il est brave.

» La confiscation des biens des condamnés est injuste; elle fait supporter aux enfans la peine des crimes de leurs pères; elle punit le frère du crime de son frère; elle frappe l'innocence.

» Eh quoi ! ce jeune homme qui déjà combattait sur vos frontières, celui-ci qui se disposait à aller combattre, tous ces êtres infortunés, qui ne connaissent aujourd'hui de plus grande calamité que la perte des auteurs de leurs jours, mais qui bientôt éprouveront des douleurs plus actives, parce qu'elles se renouvelleront sans cesse, je veux dire les besoins, pourront vous dire : — Quels sont donc les forfaits que nous avons commis, pour être ainsi réduits à l'extrémité du malheur? Avons-nous partagé ceux de nos pères ? Nous étions si jeunes encore !..... Rendez-nous nos guides, nos soutiens, ou du moins rendez-nous ces moyens de subsistance qu'ils avaient amassés pour nous, et que nous n'avons pas mérité de perdre. — Et vous leur répondrez : — *Nous connaissons votre innocence ; mais vos pères furent coupables, vous devez être punis...!*

» Citoyens, je concevrais une pareille réponse dans la bouche de Tibère ou de Néron : elle ne peut convenir aux représentans du peuple français.

» Rome libre ne prononça jamais de confiscation. Sylla fut le premier qui les ordonna; mais Sylla fut un tyran.

» La confiscation des biens des condamnés est dangereuse pour la patrie ; elle détache tous ceux qu'elle frappe des intérêts de la société ; elle les appelle en quelque sorte à la tourmenter et à la maudire.

» Les enfans dont vous repousseriez aujourd'hui les justes réclamations, vous auriez à vous reprocher d'avoir de bonne heure démoralisé leur cœur par le spectacle de votre iniquité. Vous les condamneriez à traîner une vie infortunée et bientôt coupable; car l'injustice et les besoins sont les premiers corrupteurs de l'âme et de l'esprit : vous les forceriez à menacer sans cesse de leurs vœux, et bientôt après de leurs actions, cette patrie injuste et criminelle à leur égard. — Loin de moi, Citoyens, de redouter un semblable avenir ! Depuis le 9 thermidor vous avez prouvé que vous saviez être justes et humains, et je n'ai pas besoin de vous avertir que depuis le 9 thermidor vous ne pouvez être ni injustes ni barbares impunément.

» La confiscation des biens des condamnés est impolitique dans la législation d'un peuple libre, non seulement sous ce rapport, qu'elle répand au sein de la patrie des germes de division et de malheurs; mais encore sous celui-ci, que tous les jours elle menace la liberté elle-même.

» En effet, Citoyens, supposons un moment le retour d'une poignée de brigands dans une nouvelle représentation nationale ; si le moyen des confiscations leur est ouvert, tout leur est possible pour arriver à la tyrannie.

» Le trésor d'une république bien organisée ne reçoit que ce qui est nécessaire aux besoins de la république; pour établir la tyrannie, il faut des trésors dont les sommes n'aient pas reçu, en y arrivant, une destination fixe et irrévocable.

» Les aspirans à la tyrannie n'ordonnent pas de nouveaux impôts; ils savent trop que ce premier acte de puissance pourrait seul faire avorter tous leurs projets de puissance.

» Ils flattent d'abord les passions du peuple; ils l'environnent de besoins et de défiances; ils lui présentent, dans tout ce qui l'entoure, des ennemis ou des conspirateurs à punir : le peuple une fois trompé, le sang des hommes riches, celui des hommes de bien, inonde les places publiques; les confiscations sont ordonnées; les mains des confiscateurs, teintes de sang et pleines d'or, rivent les fers de la nation, et voilà qu'elle est esclave sans avoir eu le temps de s'apercevoir qu'elle le devenait.

» Je n'irai pas chercher bien loin la preuve de cette assertion ; je vous rappellerai seulement ce mot atroce que vous avez tous entendu, et qu'il importe de transmettre à la postérité la plus reculée, pour qu'elle se garantisse de l'entendre à son tour : *Nous battons monnaie sur les échafauds !*

» Citoyens, j'appuie d'une autorité respectable l'opinion que je viens de présenter sur les confiscations en général. Voici comment Montesquieu s'exprime à cet égard :

« Les confiscations sont utiles dans un état des-
» potique ; par-là on console le peuple ; l'argent
» qu'on en tire est un tribut considérable que
» le prince leverait difficilement sur des sujets
» abîmés ; il n'y a même dans ce pays aucune
» famille qu'on veuille conserver.

» Dans les états modérés c'est autre chose : les
» confiscations rendraient la propriété des biens
» incertaine ; elles dépouilleraient des enfans in-
» nocens ; elles détruiraient une famille, lorsqu'il
» ne s'agit que de frapper un coupable.

» Dans les républiques, elles feraient le mal
» d'ôter l'égalité qui en fait l'âme, en privant
» un citoyen de son nécessaire physique. »

» Les confiscations sont donc injustes sous tous les rapports : elles le sont quand elles s'appliquent à des coupables ; elles le sont bien plus encore quand elles frappent l'innocence ; elles menacent la tranquillité de la patrie, comme la liberté publique : elles ne peuvent convenir qu'au despotisme. »

Après avoir été préfet de la Dyle, M. Doulcet fut, en 1805, nommé membre du sénat, et en 1814 pair de France. Buonaparte l'admit dans sa chambre des pairs, et dans la séance du 21 juin 1815, lors de la discussion sur la résolution proposée à la chambre des représentans (voyez ci-après LAFAYETTE), M. Doulcet fit entendre ces paroles :

« Un ministre nous disait dernièrement que
» dans les circonstances où nous nous trouvions
» il était disposé à tenir d'une main ferme les rê-
» nes de l'état, et à prendre, sous sa responsabi-
» lité personnelle, les mesures qu'il jugerait né-
» cessaires. Je déclare de même que, dans la
» crise où nous sommes, il est du devoir de la
» chambre de s'écarter même de la constitution...
» Je suis disposé à encourir pour ma part toute
» la responsabilité qui pourra peser sur ma tête,
» FUT-IL MÊME QUESTION D'ORGANISER UN GOUVERNE-
» MENT PROVISOIRE... L'ancre de salut de la patrie
» est dans la permance du pouvoir législatif. Je
» demande que, tout en déclarant que c'est *sciem-*
» *ment* que nous agissons *extra-constitutionnel-*

» *lement*, la chambre adopte la résolution. »
(Appuyé ! Appuyé !)

» La résolution a déjà été adoptée, et en con-
» tinuant à la discuter, l'assemblée ressemblerait
» plutôt à un collége qu'à un sénat ou à une réu-
» nion de pairs... La question se réduit à savoir
» si la chambre adoptera la résolution des repré-
» sentans, ou si elle en prendra une conforme....
» l'un et l'autre de ces deux partis est bon......;
» n'en prendre aucun des deux, serait en quelque
» sorte abdiquer les pouvoirs qui nous ont été
» confiés ; ce serait renoncer à concourir à sau-
» ver la patrie.... Par-là, nous mettrions la cham-
» bre des représentans dans la nécessité de se
» constituer en assemblée nationale..... Cepen-
» dant, nous formons une partie essentielle du
» pouvoir législatif.... Sans doute, nous avons
» été nommés par le chef du gouvernement.....
» Mais à quoi devons-nous les choix qu'il a faits ?
» n'est-ce pas aux services que nous avons rendus
» à la nation....? et ne pouvons-nous pas nous
» dire aussi les représentans du peuple ? A ce
» noble titre, concourons au salut de la patrie,
» et ne souffrons plus que le pouvoir soit entre
» les mains de cette tourbe d'agens de police
» dont nous sommes inondés, et qui s'arrogent
» le droit d'arrêter, d'exiler les individus,
» sans rendre compte d'un pareil abus d'au-
» torité....

» Je reviens à la question : la délibération est
» précise, elle doit être maintenue. » Oui ! oui! (1).

DUCIS (JEAN-FRANÇOIS), auteur tragique, né à Versailles le 14 août 1733, d'une famille originaire de la vallée de Beaufort en Savoye, avait été, le 3 nivose an VIII (24 décembre 1799), nommé par les citoyens Sieyes et Roger-Ducos, consuls sortans, et les citoyens Cambacères et Lebrun, second et troisième consuls, l'un des 29 premiers membres du sénat, qui devaient ensuite élire les autres membres; M. Ducis refusa cette place... Il était pauvre (2).

Quelques années après, le gouvernement le nomma membre de la Légion-d'honneur. M. Ducis ne voulut rien recevoir d'un gouvernement dont il méprisait les principes.

GARDE IMPÉRIALE.

Ils ne sont plus, les fils de la Victoire!
Mars a trahi leurs efforts et nos vœux!
Pleurez, Français, l'appui de votre gloire
Est descendu dans la tombe avec eux;

---

(1) Indépendant du 22 juin.
(2) M. Ducis a été, depuis la restauration, compris parmi les gens de lettres qui ont des pensions sur les journaux. Dans le rapport fait au roi à ce sujet, M. le chancelier d'Ambray mit cette phrase : « M. Ducis qui aurait
» l'honneur d'être compté aujourd'hui parmi les pairs,
» s'il ne s'était élevé beaucoup au-dessus par un désin-
» téressement d'autant plus beau qu'il n'a point eu d'imi-
» tateurs..... »

A leur valeur l'Anglais rendant hommage,
Voulut en vain les soustraire au trépas;
Les preux ont dit, en volant au carnage :
« La Garde meurt, elle ne se rend pas. »

Toi qui deux fois leur dus le diadême,
Toi qui, sans eux, eus gémi dans les fers,
Napoléon, à cette heure suprême,
Te verra-t-on partager leurs revers !...
Ils sont tombés les héros de la France,
Et toi, tu fuis !... Au milieu des combats,
Tu fus donc sourd à ce cri de vaillance :
« La Garde meurt, elle ne se rend pas. »

Dix rois ligués ont fait fléchir ta tête,
Français, trop fier de les avoir vaincus;
Pour t'affranchir du joug de leur conquête,
Tu tenterais des efforts superflus ;
. . . .
. . . .
Ralliez-vous à ce cri de vaillance :
« La Garde meurt, elle ne se rend pas. »

(*Nain jaune* du 10 *juillet* 1815.)

GRÉGOIRE (HENRY), évêque de Blois, député à la Convention nationale, était absent par commission lors du jugement de Louis XVI (1).

---

(1) M. Grégoire n'a donc point voté dans le procès du roi; mais comme on est allé cependant jusqu'à imprimer qu'il avait *voté la mort*, il est bon d'entrer ici dans quelques détails.

Lors de la discussion pour le procès du roi, M. Gré-

Il siégea à la Convention sans aucune interruption, et, chose singulière, toujours en habit ecclésiastique.

Un jour, en entrant à la Convention, il voit des prêtres catholiques, des ministres protestans monter successivement à la tribune pour y abjurer leur

---

goire monta à la tribune le 15 novembre, et dit textuellement :

« La royauté fut toujours pour moi un objet d'horreur;
» mais Louis XVI n'en est plus revêtu..... Et moi aussi
» je réprouve la peine de mort, et, je l'espère, ce reste
» de barbarie disparaîtra de nos lois. Il suffit à la société
» que le coupable ne puisse plus nuire; vous le CONDAM-
» NEREZ sans doute A L'EXISTENCE. » (*Moniteur* du 17 novembre 1792, p. 1366, colonn. 3; et 1367, col. 1er.

Ici l'on voit déjà que, suivant les maximes de Beccaria et de Filangieri, M. Grégoire se prononce, en général, contre la peine de mort, et qu'il fait, en particulier, l'application de ces principes dans le procès de Louis.

Envoyé en Savoie avec Hérault de Séchelles, Jagot et Simon, il s'y trouvait lors des fameuses séances pour les appels nominaux.

Cependant, les conventionnels en mission adressent à la Convention des lettres relatives au procès du roi; l'un d'eux écrit de Mayence, le 6 janvier : « Je vote pour
» la mort de Capet, et la prompte exécution du juge-
» ment. Je demande qu'à l'appel nominal mon vœu soit
» compté. » (*Moniteur* du 12 janvier.)

Les commissaires à l'armée du Mont-Blanc écrivirent aussi une lettre, arrivée le 20 janvier, dans laquelle on trouve cette phrase :

état. Plusieurs députés montagnards entourent à l'instant M. Grégoire. Il faut, lui disent-ils, que tu montes à la tribune. — Et pourquoi? — Pour renoncer à ton épiscopat, à ton charlatanisme religieux. — Misérables blasphémateurs! je ne fus jamais un charlatan : attaché à ma religion, j'en

---

» Nous déclarons tous que notre vœu est pour la *condamnation* de Louis par la Convention nationale, sans appel au peuple. » (*Idem* du 24 janvier, page 120, colonne 1re.)

Sur quoi il est bon de remarquer, 1º. que les voix qui ont été comptées dans le temps peuvent seules l'être auss aujourd'hui;

2º. Que ceux-là seuls qui ont articulé le mot MORT ont pu être et ont été affectivement comptés, et que les condamnations à d'autres peines (*voyez* ci-devant la note page 10) sont des condamnations, mais non des condamnations *à mort*;

3º. Que lorsque la peine n'a pas été spécifiée par le votant, on n'a pas argué dans le temps, et l'on ne peut arguer aujourd'hui qu'il ait voté la peine de mort, puisque d'ailleurs, en ce cas, l'usage et la loi ont toujours interprété de tels votes pour la peine la moins forte;

4º. Que la lettre envoyée de Chambéry est revêtue de quatre signatures, et qu'elle porte ces mots : « *Nous déclarons que notre vœu est pour la condamnation de Louis.* » Or, pour que, dans une lettre signée HÉRAULT, JAGOT et SIMON, la condamnation *à mort* ne soit pas prononcée, il faut que quelqu'autre signataire de la même lettre se soit opposé à ce qu'on y mît le mot fatal. Ce quatrième signataire est M. Grégoire. Donc bien loin d'avoir augmenté

ai prêché les vertus; j'y serai fidèle. Dans l'intervalle, ces montagnards crient au président d'accorder la parole au citoyen Grégoire ; le président l'accorde. M. Grégoire, qui se trouve ainsi avoir la parole, quoiqu'il ne l'eût pas demandée, s'élance à la tribune. A un épouvantable tapage succède alors un silence général.

» J'entre ici, dit-il, n'ayant que des notions
» très-vagues de ce qui s'est passé avant mon ar-
» rivée. On me parle de sacrifices à la patrie, j'y
» suis habitué; s'agit-il d'attachement à la cause
» de la liberté? j'ai fait mes preuves. S'agit-il du
» revenu attaché à la qualité d'évêque? je vous
» l'abandonne sans regret; s'agit-il de religion?
» cet article est hors de votre domaine, et vous
» n'avez pas le droit de l'attaquer. J'entends par-
» ler de fanatisme, de superstition..... je les
» ai toujours combattus : mais qu'on définisse ces
» mots, et l'on verra que la superstition et le fa-
» natisme sont diamétralement opposés à la re-
» ligion.

» Quant à moi, catholique par conviction et

---

le nombre des votans A MORT, si l'on eût compté les votes par lettre, M. Grégoire se serait trouvé l'avoir diminué en neutralisant trois des plus ardens conventionnels.

A l'appui de tout ceci, on peut se rappeler que M. Grégoire fut, en 1793, dénoncé aux jacobins comme n'ayant point voté la mort de Louis XVI.

» par sentiment, prêtre par choix, j'ai été dési-
» gné par le peuple pour être évêque ; mais ce
» n'est pas de lui ni de vous que je tiens ma
» mission. J'ai consenti à porter le fardeau de
» l'épiscopat dans un temps où il était entouré de
» peines ; on m'a tourmenté pour l'accepter, on
» me tourmente aujourd'hui pour faire une abdi-
» cation qu'on ne m'arrachera pas. J'ai tâché de
» de faire du bien dans mon diocèse, agissant
» d'après les principes sacrés qui me sont chers
» et que je vous défie de me ravir ; je reste évê-
» que pour y en faire encore. J'invoque la liberté
» des cultes. »

Ce discours fut interrompu vingt fois ; car, dès que les persécuteurs s'apperçurent que l'orateur parlait en sens opposé à leurs vues, des rugissemens éclatèrent pour étouffer sa voix, dont il élevait à mesure le diapason, et ces rugissemens se prolongèrent jusqu'à la fin de son discours.

M. Grégoire ne se contenta pas de professer sa religion dans le sein même de la Convention ; il l'y pratiqua. Dans la séance du 18 frimaire au III (8 décembre 1794), M. Grégoire, évêque assermenté, invoqua l'humanité de l'assemblée sur les prêtres insermentés détenus.

« Telle a été, dit-il, la cruauté exercée contre
» des prêtres, que 187 ayant été injustement
» transportés à Rochefort, ce nombre est réduit

» à 60 ; les autres sont morts de mauvais traite-
» mens et de misère. Si pour mettre un homme
» en liberté, on demandait s'il est procureur,
» avocat ou médecin, cette question indignerait;
» et pour élargir un homme, on demande s'il
» est prêtre, etc., etc., etc. Tant que l'on suivra
» de tels principes, on n'aura que le régime des
» sots, des fripons, etc., etc. (1) » L'affaire, renvoyée au comité de sûreté générale, y fut poursuivie par M. Grégoire, qui enfin obtint l'élargissement des malheureux détenus.

Après la session de la Convention, M. Grégoire entra au Conseil des 500; il passa au Corps Législatif après le 18 brumaire. Ce fut sur la présentation réitérée de ce corps qu'il fut nommé sénateur par le Sénat lui-même, et ce fut, sinon la dernière, du moins une des dernières nominations faites constitutionnellement dans le premier corps de l'Etat.

On sait assez que dans le Sénat M. Grégoire vota toujours selon sa conscience, et se prononça contre les levées des conscriptions, contre l'élévation de Buonaparte à l'empire, contre le divorce de l'impératrice Joséphine, et contre l'occupation de Rome, etc., etc. Aussi n'eut-il ni grand-cordon, ni sénatorerie. On dit même qu'une

---

(1) Moniteur, n°. 81, du 21 frimaire an III.

fois l'empereur le reçut comme le docteur de Sorbonne avait reçu la Vérité (1).

INDÉPENDANT (l'). *Voyez* Courrier.

JACOBINS ROUGES et JACOBINS BLANCS.

Nous les comprenons dans le même article, parce qu'il y a entr'eux plus de rapports qu'on ne pense.

JOURNAUX. *Voyez* Courrier.

LAFAYETTE, officier français dans la guerre de l'indépendance de l'Amérique;

Premier commandant général de la garde nationale parisienne, l'un des fondateurs de la liberté française, général en chef de l'armée française en 1792;

---

(1) Aux portes de la Sorbonne,
 La Vérité se montra ;
 Le syndic la rencontra :
 — Que demandez-vous, la bonne?
 — Hélas! l'hospitalité.
 — Votre nom ? — La Vérité.
 — Fuyez, dit-il en colère,
 Fuyez, ou je monte en chaire
 Et crie à l'impiété.
 — Vous me chassez, mais j'espère
 Avoir mon tour, et j'attends :
 Je suis la fille du Temps,
 Et j'obtiens tout de mon père.

Prisonnier à Olmutz. Ce fut alors qu'on lui rendit cet éclatant témoignage : « Ceux-là ont
» de bien fausses notions, qui établissent dans
» leur esprit M. de Lafayette comme cause,
» même comme une des causes de la révolution
» française. Il y a joué un grand rôle; mais ce
» n'est pas lui qui a fait la pièce, et peut-être
» ce qu'il y a de mieux à dire, soit pour l'excuser
» là où il paraît coupable, soit pour le justifier
» là où il a été innocent, soit pour le louer là
» où il a mérité des éloges, c'est qu'il n'a parti-
» cipé à aucun mal qui ne se fût fait sans lui,
» tandis que le bien qu'il a fait l'a été par lui
» seul (1). »

M. de Lafayette revient en France à la fin de l'an VIII (septembre 1800), et rentre dans la classe des simples citoyens jusqu'en 1815. A cette époque, il est nommé membre de la Chambre des représentans. Il y prend séance, et, le 21 juin, il prononce le discours suivant :

« Lorsque, pour la première fois depuis bien
» des années, j'élève une voix que les vieux amis
» de la liberté reconnaîtront encore, je me sens
» appelé, Messieurs, à vous parler des dangers
» de la patrie, que vous seuls à présent avez le
» pouvoir de sauver.

---

(1) Page 11 du *Mémoire de Lally-Tolendal au roi de Prusse, pour réclamer la liberté de Lafayette*, 1795, in-8º.

» Des bruits sinistres s'étaient répandus.(1) ;
» ils sont malheureusement confirmés. Voici le
» moment de nous rallier autour du vieux éten-
» dard tricolor, celui de 89, celui de la liberté,
» de l'égalité et de l'ordre public ; c'est celui-là
» seul que nous avons à défendre contre les pré-
» tentions étrangères et contre les tentatives in-
» térieures. Permettez, Messieurs, à un vétéran
» de cette cause sacrée, qui fut toujours étranger
» à l'esprit de faction, de vous soumettre quel-
» ques resolutions préalables, dont vous appré-
» cierez, j'espère, la nécessité.

» Art. 1ᵉʳ. La Chambre des représentans dé-
» clare que l'indépendance de la nation est me-
» nacée.

» 2. La Chambre se déclare en permanence.
» Toute tentative pour la dissoudre est un crime
» de haute trahison ; quiconque se rendrait cou-
» pable de cette tentative sera traître à la patrie,
» et sur-le-champ jugé comme tel.

» 3. L'armée de ligne et les gardes nationales
» qui ont combattu et combattent encore pour
» défendre la liberté, l'indépendance et le terri-
» toire de la France, ont bien mérité de la patrie.

» 4. Le ministre de l'intérieur est invité à
» réunir l'état-major-général, les commandans
» et majors de légion de la garde nationale pa-

---

(1) La déroute de Waterloo et le retour de l'empereur.

» risienne, afin d'aviser aux moyens de lui donner
» des armes, et de porter au plus grand complet
» cette garde citoyenne, dont le patriotisme et
» le zèle éprouvé depuis vingt-six ans, offrent
» une sûre garantie à la liberté, aux propriétés,
» à la tranquillité de la capitale et à l'inviolabi-
» lité des représentans de la nation.

» 5. Les ministres de la guerre, des relations
» extérieures, de l'intérieur et de la police, sont
» invités à se rendre sur-le-champ dans le sein
» de l'assemblée (1). »

On l'aime d'autant plus qu'on a pu le connaître :
Ami de Wasingthon, il fut digne de l'être.

LANJUINAIS (2), député d'Ille-et-Vilaine à la Convention nationale, s'y distingua par sa fermeté. Dans la séance du 16 janvier 1793, lorsqu'on demanda quelle serait la majorité requise pour faire force de jugement, il éleva la voix pour dire : « Je demande que ce soit les deux tiers
» des voix. » (3).

Et sur ce que Danton réclamait la simple majorité, Lanjuinais reprit :

« Il ne s'agit pas ici de craindre ; vous ne de-
» vez craindre que de violer la justice et la raison.
» La première violation des principes fait tou-

---

(1) Indépendant du 22 juin 1815.
(2) Article communiqué.
(3) Moniteur du 20 janvier, p. 92, col. 2.

» jours marcher de violation en violation. Je
» pourrais vous en donner plusieurs exemples
» dans cette affaire même ; mais, du moins, soyez
» conséquens dans cette violation des principes ;
» soyez du moins d'accord avec vous-mêmes. Vous
» invoquez sans cesse le code pénal. Vous vous
» dites sans cesse : Nous sommes jury. Eh bien!
» c'est le code pénal que j'invoque; ce sont ces
» formes de jury que je demande, et auxquelles
» je vous supplie de ne pas faire d'exception.

» Mais vous dites aussi que les lois se font à la
» majorité plus une. Eh bien ! vous faites donc
» un acte mixte et qui participe de vos deux fonc-
» tions. Vous avez rejeté toutes les formes que
» peut-être la justice et certainement l'humanité
» réclamaient : la récusation et la forme silen-
» cieuse du scrutin, qui seule peut garantir la li-
» berté des suffrages. On paraît délibérer ici dans
» une convention libre; mais c'est sous les poi-
» gnards et les canons des factieux (murmures).
» Je le pense. Daignez, citoyens, peser toutes
» ces considérations ; c'est pour obtenir l'exé-
» cution de la loi que je les présente ; c'est en
» faveur de la justice et de l'humanité que je de-
» mande, aux termes de la loi, qu'il faille les trois
» quarts des suffrages (1).

Lors de l'appel nominal sur la peine à infli-

---

(1) Moniteur, pag. 92.

ger, il s'écria : « J'ai entendu dire qu'il fallait
» que nous jugeassions cette affaire comme la
» jugerait le peuple lui-même. Or, le peuple n'a
» pas le droit d'égorger un prisonnier vaincu ;
» c'est donc d'après le vœu et les droits du peu-
» ple, et non d'après l'opinion que voudraient
» nous faire partager quelques-uns d'entre nous,
» que je vote pour la réclusion jusqu'à la paix,
» et pour le bannissement ensuite, sous peine
« de mort en cas qu'il rentrât en France (1). »

M. Lanjuinais montra encore le plus grand courage à l'époque du 31 mai. Lorsqu'un rapporteur proposa la démission volontaire des conventionnels qui déplaisaient à la commune de Paris. « N'attendez de moi, dit Lanjuinais, ni
» démission, ni suspension ; sachez qu'une vic-
» time ornée de fleurs et qu'on traîne à l'autel
» n'est pas insultée par le prêtre qui l'immole.
» On parle des sacrifices de mes pouvoirs. Quel
» abus de mots ! les sacrifices doivent être libres,
» et vous ne l'êtes pas. Je vous déclare donc que
» je ne puis émettre une opinion en ce moment,
« et je me tais. »

Mis en arrestation chez lui, à la fin de la séance, il parvint à s'évader. Après la terreur, rappelé dans le sein de la Convention, il fut élu membre des deux Conseils par un grand nombre de dépar-

---

(1) Moniteur, pag. 94, col. 1re.

temens; fut, après le 18 brumaire, d'abord membre du Corps législatif; puis, le 22 mars 1800, admis au sénat. Les délibérations de ce corps étaient secrètes. Mais il n'est personne qui n'ait appris qu'il s'opposa constamment, de tout son pouvoir, aux usurpations successives de Buonaparte, et à ses sénatus-consulte, source de nos maux.

En 1814, M. Lanjuinais fut nommé pair par S. M. Louis XVIII, et défendit courageusement la liberté de la presse, etc.

Lorsque l'*Homme de l'île d'Elbe* arriva, M. Lanjuinais fut nommé membre de la chambre des représentans, qui............ (*Le reste du manuscrit manque*).

LYONNAIS. On a beaucoup vanté leur conduite en 1793. On ne l'a pas assez vantée. On a parlé du siége de cette ville; on a tu les évènemens qui l'avait amené. C'est du 29 mai 1793 que date l'action qui a immortalisé les Lyonnais. Le sentiment le plus noble, le plus généreux, le plus naturel, le plus juste, les a seul animés. Aucun calcul de faction, aucune liaison étrangère ne les a poussés au combat. Ils ne se sont pas mis en révolte contre le gouvernement de leur patrie. Ils n'ont pensé qu'à résister à l'oppression que faisait peser sur eux une municipalité infâme. C'est ce que les représentans Nioche et Gauthier, commissaires de la Convention nationale à Lyon, ont reconnu dans leur proclamation du 30 mai 1793, proclamation que nous avons sous les yeux, et dans laquelle ont lit ces mots : *Les Représentans... ont reconnu que les impressions qu'on leur avait données étaient fausses; il leur est démontré que les sections ne désirent point une contre-révolution, qu'elles sont au contraire animées de patriotisme..... mais qu'elles provoquaient une prompte réparation des griefs et des abus dont elles avaient à se plaindre.*

Et enfin dans le rapport daté de Grenoble le 9 juin 1793, et signé *Gauthier, représentant du peuple, tant pour lui que pour son collègue absent*, rapport où tant de faits sont dénaturés, on retrouve encore cet aveu « *que les sections* (de » Lyon) *se sont empressées de prouver qu'elles » ne s'étaient armées que pour détruire une mu- » nicipalité qu'elles accusaient de vexations* ».

Après avoir combattu et vaincu leurs oppresseurs, les Lyonnais envoyèrent à la Convention une députation chargée de l'éclairer sur les évènemens qui venaient de se passer, et sur les vrais sentimens des Lyonnais. Cette députation ne fut pas entendue. Les oppresseurs avaient trouvé asyle et protection dans leurs camarades, les vainqueurs du 31 mai. Ils firent marcher contre Lyon des forces immenses. Inébranlables dans leurs résolutions, les Lyonnais firent écrire sur leurs bannières ces mots qui expriment les sentimens des ames généreuses, et qu'ils ont toujours conservés dans leur cœur : *Résistance à l'oppression.*

MURINAIS, général français, déporté par suite du 18 fructidor an V, mourut à Sinnamary le 3 décembre 1798, en prononçant ces belles paroles : « Plutôt mourir à Sinnamary sans re-
» proches, que de vivre coupable à Paris. »

NATION FRANÇAISE. Depuis vingt-cinq ans on a fait en son nom beaucoup d'actes et de discours sur lesquels on ne l'avait pas consultée. C'est de son nom qu'on s'est servi pour opprimer l'Europe et la France elle-même. Maîtresse de l'Europe, elle était esclave. Sa honte venait de sa gloire. « Quand nous résistions, a-t-on dit, les
» peuples se rangeaient sous les aigles de Buona-
» parte, ou s'humiliaient devant lui. Toujours
» plus effrayé de l'intérieur que du dehors, il sa-
» vait bien que s'il avait des armées contre les
» rois, il n'avait aucun pouvoir contre l'opinion
» publique (1). C'était par l'obéissance des étran-
» gers qu'il essayait de nous courber sous le joug.
» Il a marché à plus d'une victoire, pour avoir un

---

(1) Buonaparte la redoutait tellement qu'il cachait soigneusement ses actes arbitraires. Ainsi le décret illégal qui destituait le général Marescot, non-seulement n'a pas été publié, mais le dernier article portait : Le présent décret ne sera ni publié ni imprimé au Bulletin des lois.

» moyen de plus de régner sur la France. Vain-
» queur au dehors, inquiet au-dedans, tout ras-
» semblement du peuple, toute assemblée publi-
» que le faisait trembler. »

» Oui sans doute, comme l'a dit un autre écri-
» vain, la France entière l'appella au gouverne-
» ment de l'Etat, ou, pour parler le langage de
» la vérité, elle applaudit d'une voix unanime
» au coup hardi par lequel il en saisit les rênes. »
Alors à son aspect, des acclamations spontanées, unanimes et non achetées, se faisaient entendre. Pendant deux ans sa feinte modération enivra tous les Français, et lorsqu'en 1802, il fit déclarer son consulat à vie; peu de gens encore virent le but où il tendait; peu du moins osèrent le signaler (1). Cependant les droits de la nation étaient

---

(1) Voyez cependant la brochure intitulée : *Vrai sens du vote national sur le Consulat à vie.* On y lisait, p. 56 :

« Serait-il vrai, par exemple, comme des écrits ont
» semblé l'indiquer, que quelques courtisans auraient
» médité de proposer l'adoption de quelque titre *d'em-*
» *pereur, d'empereur des Gaules?* Quoi! remonter ainsi
» dans la nuit des siècles, rechercher pour nous le nom
» que portaient nos barbares ancêtres quand ils étaient
» enchaînés par César et trompés par les druides! Nous
» faire abjurer ce doux et beau nom de France, consacré
» par tous les grands souvenirs de la monarchie, et par
» tous les triomphes de notre république! Transformer
» ainsi les Français en *Gaulois!* — Quoi encore! donner

restreints tous les jours. Les formes de l'élection des membres du Corps législatif avaient ôté à cette assemblée la qualité de représentation nationale. Les ambitieux, les hommes en places applaudirent seuls à l'élévation de Buonaparte à l'empire La nation fut désenchantée. Elle resta quelque temps dans la stupeur, l'indifférence; mais la haine la plus violente fut trop peu de chose pour payer tous les maux dont il nous accablait. Vainement prétendit-il nous éblouir par la gloire militaire; les mots de prospérité nationale séduisirent un instant, mais on fut bientôt détrompé; c'était une insatiable ambition que nous ne partagions pas, qu'il voulait assouvir. La nation était loin d'approuver ses fureurs. Paris même, cette

---

» à notre chef un titre dont l'origine fut toute militaire,
» dont la continuation fut toute féodale, qui fut de
» siècle en siècle un signe d'autorité despotique, qui
» règne encore au Mogol, à Maroc, au lieu de tous ces
» noms de consul, de protecteur, de président, même
» de roi, tous plus assortis à nos mœurs, plus appro-
» priés à nos lois, qui rappellent sans cesse au peuple
» quelqu'idée de liberté, et à son magistrat quelque sen-
» timent de paternité ! Voir ainsi un féodal *empereur des*
» *Gaules* en tête de la charte libre des généreux Fran-
» çais.)

Il n'en fallait pas tant pour faire saisir la brochure ; mais il en échappa six exemplaires, et bientôt on en fit deux éditions dans Paris même, et plusieurs dans les départemens.

capitale qu'il affectait d'embellir en ruinant la France, Paris ne se laissait pas corrompre par ses embellissemens.

Ah! le ciel m'en est témoin; c'était avec un plaisir mêlé d'amertume que je voyais construire ces ponts utiles, ces quais magnifiques, ces salubres établissemens, ces arcs de triomphe, ces nombreuses fontaines, et s'achever ce vieux Louvre. Je maudissais celui qui les faisait élever, et je pleurais de dépit en songeant que la postérité (à laquelle on ne peut cacher le nom de Napoléon) croirait lui avoir quelqu'obligation, et saurait peut-être quelque gré à un tel homme.

Ce sentiment ne fit que s'accroître chaque année. Avec l'empire a commencé cette série de guerres qui a fini par la campagne de Moscou. Son despotisme intérieur rendait ces guerres nécessaires. En imposant, au nom des Français, des lois à toute l'Europe, il espérait nous détourner de nos idées. Mais la nation ne voulait être maîtresse d'aucune nation. Elle se bornait à vouloir être maîtresse en France. Des ennemis à l'extérieur pouvaient seuls la distraire de l'intérieur. Qu'on juge combien elle gémissait de sa gloire! sous le rapport du commerce, des arts, de la population, elle en était la première victime, et en même temps l'instrument du malheur des autres nations. Elle n'en a jamais été la complice. Elle prévoyait les suites funestes de ces victoires sanglantes et sans exemple. On était loin de penser que la catastrophe serait si prochaine. Mais tandis que quelques vils sénateurs applaudissaient à tous ses projets, lui accordaient tous les moyens de les exécuter, et disaient que *sa pitié profonde pour les malheurs publics l'arrêtait sur le chemin de la victoire*, vantaient sa *modération qui surpassait celle des plus illustres conquérans*, et sa grande ame *dont il arrêtait l'élan quand il s'agissait d'épárgner le sang des hommes*, et que l'un d'eux même allait jusqu'à dire qu'*il ne trouverait pás de Roncevaux ;* il n'est pas un homme sensé qui n'ait prévu et prédit l'invasion de la France par les nations que le tyran de la France avait opprimées, et, le dirais-je, j'ai vu beaucoup de Français, moi-même, et j'en rougis en l'avouant (je m'y suis surpris), souhaiter, en 1814, cette invasion comme pouvant seule nous délivrer.

Par qu'elle singulière destinée une nation bonne, généreuse, aimante, a-t-elle été si souvent mue par la haine? A chaque gouvernement nouveau qui s'est établi depuis vingt-cinq ans, elle a donné des marques de joie qu'on prenait pour de l'approbation ou pour de l'amour. La haine de ses oppresseurs était le seul sentiment qu'elle connût : une simple promesse de ce qu'elle désirait depuis si long-temps, suffisait pour la rallier autour de ses nouveaux chefs, que bientôt elle se trouvait réduite à haïr, cherchant sur qui porter ses douces affections.

« La nation française veut vivre sous un mo-
» narque, elle veut aussi que ce monarque règne
» sous l'empire des lois.

» La république nous a fait connaître tout ce
» qu'ont de funeste les excès de la liberté ; l'em-
» pire tout ce qu'a de funeste l'excès du pou-
» voir. Notre vœu, et il est immuable, est de
» trouver, à égale distance de ces excès, l'indé-
» pendance, l'ordre et la paix de l'Europe.

» Tous les regards, en France, sont fixés sur
» la constitution de l'Angleterre ; nous ne pré-
» tendons pas être plus libres qu'elle : nous ne
» consentirons pas à l'être moins (1). »

« Le peuple français n'attache pas aujourd'hui
» moins d'importance à sa liberté qu'à sa vie : il
» ne se croira jamais libre s'il n'a pas des droits
» également inviolables pour tous, et communs
» à tous (2). »

---

(1) Lettre du président du gouvernement à S. S. lord Wellington, insérée dans l'*Indépendant* du 29 juin 1815.

(2) Lettre du 7 juillet, citée dans la *Gazette* de France du 27 juillet.)

FIN.

www.ingramcontent.com/pod-product-compliance
Lightning Source LLC
Chambersburg PA
CBHW070658050426
42451CB00008B/411